www.tredition.de

AF198506

Beatrice Schmidt

Ich stell dann mal um

In vielen kleinen Schritten zu mehr Gesundheit
und einem besseren Körpergefühl

www.tredition.de

© 2013 Beatrice Schmidt

Umschlagfoto:
Moritz Jendral Photography

Innenfoto:
Independent Light Photoproduktion GmbH & Co. KG

Karikaturen:
Can Stock Photo

Verlag: tredition GmbH, Hamburg
ISBN: 978-3-8495-4424-9
Printed in Germany

Inhaltsverzeichnis

Vorwort

In meiner mehrjährigen Praxis als Ernährungsberaterin bin ich auf die unterschiedlichsten Typen von Menschen getroffen. Diese wiederum kamen und kommen aus den mannigfaltigsten Gründen zu mir. Die Mehrzahl ist mit dem eigenen Gewicht unzufrieden und fühlt sich in ihrem Körper nicht (mehr) wohl. Ein paar andere wiederum kommen mit ernährungsbedingten Erkrankungen, wie zum Beispiel Diabetes mellitus Typ II, Herz-Kreislauf-Erkrankungen oder erhöhtem Cholesterin in meine Beratung. Sie wollen mit einer Veränderung ihres Essverhaltens, begleitend zur ärztlichen Therapie, wieder gesund werden und die Medikamentenzufuhr wenigstens zum Teil verringern.

Und dann gibt es da noch die ganz „exotische" Gruppe von Menschen: Sie kommen, weil Sie einfach etwas für Ihre Gesundheit tun wollen, ohne offensichtlich krank zu sein!

Für mich persönlich sind die Beweggründe, die zu einer gesunden, schmackhaften, vitalstoff- und abwechslungsreichen Ernährung führen, zweitrangig. Denn letztendlich kommen im Idealfall mit einer gesunden Ernährungsform Vitalität, das persönliche Idealgewicht und die Gesundheit von ganz allein.

Mit diesem Buch werde ich Ihnen Anregungen sowie praxisorientierte Tipps geben, wie Sie zu einem ausgewogenen Essverhalten kommen. Es ist ein Ratgeber für den Alltag, nah an der Realität und sowohl für Singles, Paare als auch Familien geeignet.

Dieser Ratgeber richtet sich an „Allesesser" und Vegetarier, wobei die zweite Gruppe zwei der Ernährungsumstellungsschritte auslassen wird, da es hier um Fleisch, Wurst und Co. geht.

Die Ernährungsform, die ich Ihnen vorstelle, ist keine neue moderne Trendkost mit einem ausgefallenen oder „superdupermegatollen" Namen, sondern eine ganz klassische Form der Ernährung. Sie ist eine Mischung aus Vollwertkost und mediterraner Küche. Somit ist sie für alle Menschen nicht nur geeignet, sondern außerordentlich empfehlenswert. Erwachsene, Senioren, Kinder und Teenager werden gleichermaßen optimal mit allen Vitalstoffen versorgt.

Ich glaube, dass Sie und viele andere Menschen wissen, wie eine gesunde Ernährungsweise aussieht. Daher geht es in diesem Ratgeber in erster Linie um den Weg dorthin. Getreu dem Motto dieses Buches:

„In vielen kleinen Schritten zum großen Erfolg!"

Einführung

Dieser Ratgeber wird Ihnen **nicht** dabei helfen ganz schnell und von heute auf morgen massenweise Kilos abzuspecken! Sie werden eher längere Zeit benötigen bis sich Ihr Körper auf sein persönliches Idealgewicht eingependelt hat. Denn etwas, was sich über Jahre oder gar Jahrzehnte aufgebaut hat, braucht auch eine Weile bis es wieder abgebaut ist. Dafür werden Sie aber, anders als bei einer einseitigen Diät, mehr Gesundheit und Wohlgefühl erlangen und langfristig Ihr erreichtes Körpergewicht halten und Ihre Lebensqualität erhöhen.

Sie brauchen keine Kalorien zählen oder Nährwerttabellen auswendig lernen! Sie werden aber ein besseres Gefühl für gesunde Nahrungsmittel erhalten. Und am Ende stellen Sie intuitiv für sich fest, was Ihrem Körper wirklich gut bekommt.

Neben der Auswahl der Nahrungsmittel ist auch die Art des Essverhaltens für Ihre Gesundheit wichtig. Essen Sie in einer Umgebung in der Sie sich wohl fühlen! Das heißt nicht, sich vor den Fernseher zu setzen und die Mahlzeit nebenbei in sich hinein zu schlingen. Decken Sie den Tisch, machen Sie diesen Ort zu einem Wohlfühlort. Stellen Sie eine Kerze auf oder dekorieren Sie diesen Platz mit Dingen, die Ihren Augen schmeicheln. Und essen Sie, wenn möglich in Gesellschaft! Insbesondere für Familien mit Kindern ist es wichtig, dass Sie wenigstens einmal am Tag gemeinsam essen! Denn Essen ist mehr als Nahrungsaufnahme, es ist Kommunikation und Genuss. Im Job gehen Sie am besten von Ihrem Arbeitsplatz weg! Suchen Sie sich einen Ort oder einen Platz in oder außerhalb des Gebäudes. Lassen Sie Ihre Mahlzeit zu einem besonderen Teil Ihres Tages werden.

Außerdem ist es wichtig, dass Sie Ihre Nahrung lange und gründlich kauen, da bereits im Mund die ersten Verdauungsprozesse stattfinden. Durch das stetige Kauen wird die Speichelproduktion angeregt. Je mehr Speichel im Mund produziert wird, umso flüssiger wird die aufgenommene Nahrung und umso besser kann sie weiter verdaut werden.

Diesen kleinen und nützlichen Ratgeber zu lesen und anschließend in den unendlichen Weiten Ihres Bücherregales verschwinden zu lassen, wird Sie nicht weiter bringen! Wenn Sie jedoch bereit sind an sich zu arbeiten und jeden einzelnen kleinen Schritt zu gehen, dann schaffen Sie es für Ihre Gesundheit viel herauszuholen und eventuell, sofern dies überhaupt nötig ist, auch noch an der einen oder anderen Gewichtsschraube zu drehen

Daher gehe ich an dieser Stelle schon den wichtigsten und absolut notwendigsten Schritt mit Ihnen! Wenn Sie es noch nicht getan haben, tun Sie es jetzt:

Übernehmen Sie Verantwortung!
-
Übernehmen Sie Verantwortung für sich selbst!

Veränderungen

Gleich am Anfang mache ich Sie mit jemandem bekannt, der Ihnen sicher vertraut ist. Darf ich vorstellen? Hier ist Ihr „Innerer Schweinehund".

Eigentlich ist er ein ganz lieber und entspannter Zeitgenosse. Zufrieden mit den Dingen, so wie sie laufen und glücklich mit all den seit Jahren gewachsenen und beständigen Gewohnheiten.

Stellen Sie sich nun einmal Ihren inneren Schweinehund vor, wie er da ganz gemütlich auf seiner Lieblingskuscheldecke vor der immer warmen Heizung liegt. Um ihn herum liegt sein seit Jahren innig geliebtes Lieblingsspielzeug. Wenn er mal sein Geschäft erledigen muss, gehen Sie mit ihm immer dieselbe gewohnte Stecke spazieren und, weil er es so gerne mag, geben Sie ihm immer dasselbe Futter. Dass seine Decke bereits ganz verschlissen und löchrig ist, die Heizung immer knackt und knistert, sein Lieblingsspielzeug inzwischen stinkt und mit Keimen verseucht ist, interessiert ihn nicht. Genauso wenig interessiert ihn die Tatsache, dass er auf einer anderen Spaziergehstrecke mehr zum Schnüffeln und Erleben hätte. Er findet seinen Platz klasse und auch alles andere drum herum gefällt ihm einfach nur gut.

Und jetzt kommen Sie ins Spiel: Sie wollen ihm die Lieblingsdecke wegnehmen, um diese gegen eine bessere einzutauschen, das Spielzeug kassieren Sie auch ein und wenn Sie schon mal dabei sind, können Sie Ihren

Schweinehund auch gleich einen anderen Platz zuweisen. Eine neue Gassi-Strecke wollten Sie schon lange mal einführen. Und das Futter und die Leckerlis, das haben Sie neulich erst gelesen, sind auch nicht so gut und werden gleich mal mit ausgetauscht. Alles in allem meinen Sie es ja nur gut mit Ihrem kleinen Schweinehund. Schließlich wollen Sie ja, dass er gesund und munter ist und Sie noch viele Jahre etwas von ihm haben. Aber was meinen Sie wie Ihr kleiner, süßer, an Gewohnheiten hängender Schweinehund reagiert?

Ich denke seine Reaktion wird so oder zumindest so ähnlich aussehen:

Ganz ehrlich! Bei so einem Anblick würde ich lieber das Weite suchen und alles beim Alten belassen. Der Kampf mit diesem bissigen „Schweine-Kampf-Hund" wäre mir zu anstrengend und ich würde mich geschlagen geben.

Und genau da liegt das Problem an großen Veränderungen! Wenn Sie alles von jetzt auf gleich umstellen, werden Sie mit dieser Bestie von Schweinehund kämpfen und viel Energie für die Änderung Ihres Essverhaltens aufbringen müssen.

Wenn Sie es aber Schritt für Schritt machen, wird dieser kleine Kerl es kaum mitbekommen und das Bild am Ende der Geschichte sieht dann ganz anders aus.

Eine Umstellung Ihrer Ernährung ist sinnvoll und gesund. Bedenken Sie aber bitte, dass sich Ihr Körper und Ihre Gewohnheiten nicht von heute auf morgen umstellen können. Lassen Sie sich Zeit und gehen Sie diesen Weg mit kleinen Schritten. Sie werden feststellen, dass Sie dann ganz entspannt auf der Erfolgsstraße spazieren.

Vor dem Start

Im Folgenden finden Sie einen kleinen Fragenkatalog. Ich schlage vor, dass Sie, bevor ich Ihnen Ihre künftige Ernährungsform vorstelle, die Fragen durchgehen und für sich ganz offen beantworten. Ich empfehle Ihnen, dass Sie sich die Antworten notieren und ablegen oder sogar auf dem Computer abspeichern. Sie werden sie im Laufe der nächsten Wochen und Monate sicher noch einmal benötigen.

- Wie viele Portionen Obst und Gemüse esse ich täglich?
- Wie viele Portionen Fleisch und Wurst verzehre ich täglich/pro Woche?
- Wie viele Portionen Fisch esse ich täglich/pro Woche?
- Welche Fette verwende ich in der Küche und im täglichen Hausgebrauch?
- Esse ich Fertig- und/oder Halbfertigprodukte?
- Verwende ich weißen Haushaltszucker und/oder künstliche Süßungsmittel?
- Esse ich überwiegend Produkte aus weißem voll ausgemahlenem Mehl oder bevorzuge ich bei Nudeln, Reis, Brot und der gleichen die Vollkornvariante?
- Nehme ich ausreichend Flüssigkeit zu mir?
- Welche Getränke nehme ich überwiegend als Durstlöscher her?

Eine Portion ist im Übrigen immer eine Handvoll. Sie ist daher von Mensch zu Mensch unterschiedlich, da wir ja auch unterschiedlich große Hände haben.

Ich empfehle Ihnen zur Beantwortung der Fragen für eine Woche ein Ernährungsprotokoll zu führen. In dieses Protokoll gehört dann alles hinein, was Sie an Essen und Trinken und zu welcher Uhrzeit zu sich nehmen. Ein solches Protokoll könnte beispielsweise so aussehen:

Datum	Uhrzeit	Art des Essens/Trinkens	Anzahl der Portionen/Menge
01.05.	7:00	Helles Brötchen	1 Stück
		mit Butter	10 g
		Leberkäse	eine Portion (dicke Scheibe)
		und süßem Senf	10 g
		Kaffee	250 ml
		mit Sahne	20 ml
		und Zucker	2 Teelöffel
	10:00	Apfel	1 Stück (Portion)
	12:00	Schnitzel	2 Portionen
		mit Pommes Frittes	1 Portion
		Cola	500 ml
	15:00	Käsekuchen	2 Stück
		Kaffee	250 ml
		mit Sahne	20 ml
		und Zucker	2 Teelöffel
	18:00	Helles Brot	2 Scheiben
		mit Butter	10 g
		und Käse	2 Scheiben
	21:00	Paprikachips	1 Packung
		Cola	1000 ml

Am besten machen Sie sich für jeden Tag eine Seite. So bekommen Sie einen guten Überblick. Nach dieser Woche setzen Sie sich mit vier verschieden-farbigen Stiften an Ihr Protokoll. Obst, Gemüse und Vollkornprodukte kennzeichnen Sie grün, Fleisch, Wurst und Fisch blau, Zucker, zuckerhaltige Getränke und Süßes, Fertig-und Halbfertigprodukte sowie Produkte aus weißem Mehl, wie zum Beispiel helle Brötchen, helles Brot, helle Nudeln, erhalten die Farbe rot und Milch und Milchprodukte werden gelb markiert. Außerdem rechnen Sie zusammen was Sie an Getränken zu sich genommen haben.

Bei dem von mir genannten Beispiel würde die Auswertung so aussehen:

Datum	Uhrzeit	Art des Essens/Trinkens	Anzahl der Portionen/Menge
01.05.	7:00	Helles Brötchen	1 Stück
		mit Butter	10 g
		Leberkäse	eine Portion (dicke Scheibe)
		und süßem Senf	10 g
		Kaffee	250 ml
		mit Sahne	20 ml
		und Zucker	2 Teelöffel
	10:00	Apfel	1 Stück (Portion)
	12:00	Schnitzel	2 Portionen
		Mit Pommes Frittes	1 Portion
		Cola	500 ml
	15:00	Käsekuchen	2 Stück
		Kaffee	250 ml
		mit Sahne	20 ml
		und Zucker	2 Teelöffel
	18:00	Helles Brot	2 Scheiben
		mit Butter	10 g
		und Käse	2 Scheiben
	21:00	Paprikachips	1 Packung
		Cola	1000 ml

Und, was haben Sie über sich und Ihre Ernährungs- und Trinkgewohnheiten herausgefunden?

Sie können Ihre eigenen Beobachtungen gerne unter Ihr Ernährungsprotokoll schreiben oder sich mit einer Ihnen nahestehenden Person besprechen. Bitte denken Sie daran, seien Sie ehrlich zu sich selbst. Nur dann können Sie aktiv an sich arbeiten.

Sollten Sie an dieser Stelle feststellen, dass die Farben blau, gelb und rot dominieren, empfehle ich Ihnen mit einem hochwertigen flüssigen Vitalstoffpräparat Ihre tägliche Ernährung zu ergänzen. Zumindest so lange, bis Sie es durch die Ernährungsumstellung geschafft haben den Grünanteil deutlich anzuheben. Ich persönlich verwende bei meinen eigenen Kindern, meinem Mann und mir das flüssige Nahrungsergänzungmittel LaVita und empfehle dieses auch meinen Klientinnen und Klienten. Die Endproduktion des Präparates ist in Bayern und viele der Zutaten kommen von heimischen Streuobstwiesen und ortsansässigen Landwirten. Wenn Sie mehr über LaVita erfahren möchten, dann besuchen Sie das Unternehmen im Internet unter: www.lavita.de.

Doch machen wir nun weiter mit unserer Umstellung des Essverhaltens.

Lesen Sie bitte erst weiter, wenn Sie diese Aufgabe erledigt haben! Es ist die Basis für die weitere Arbeit und dient Ihnen zu einem späteren Zeitpunkt zur Selbstkontrolle und Motivation!

Das Ziel

Das Ziel meines Ratgebers ist es, Sie an eine vollwertige und ausgewogene Ernährung sanft heran zu führen und Ihnen in vielen kleinen Schritten zu zeigen, wie es geht.

Wenn Sie es geschafft haben wird Ihre Ernährung in etwa so aussehen:

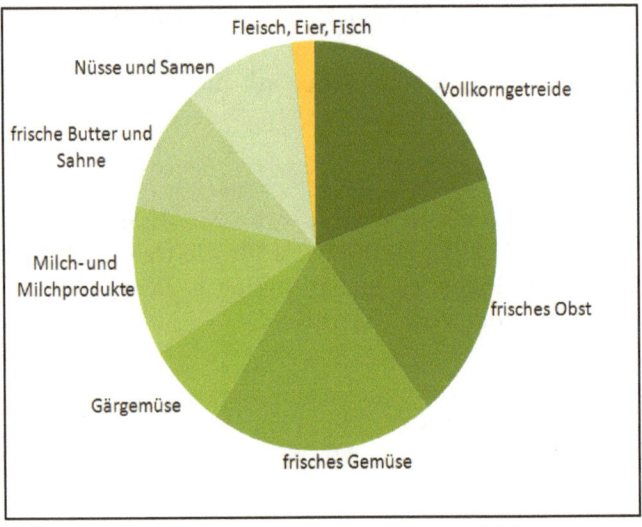

Bei einer vegetarischen Ernährungsweise fallen Fleisch, Eier und Fisch selbstverständlich weg. Und sollten Sie zu den 75% der Weltbevölkerung gehören, die keine Milchprodukte vertragen, so stehen an dieser Stelle zum Beispiel Produkte aus Soja und anderen pflanzlichen Alternativen.

Nun, da Sie einen kleinen Blick in die Zukunft gemacht haben, lassen Sie uns ins Hier und Jetzt zurück kehren und mit der Ernährungsumstellung beginnen.

Idealerweise haben Sie das Ernährungsprotokoll über eine Woche geführt oder zumindest alle Fragen beantworten können. Sollten Sie diesen Schritt übersprungen haben, lege ich Ihnen ans Herz es doch noch zu tun. Ich weiß, Sie wollen gern so schnell wie möglich durchstarten, doch glauben Sie mir, es wird nachhaltiger und von mehr Erfolg gekrönt sein, wenn Sie sich hierfür Zeit nehmen.

Sind Sie bereit? Haben Sie alles erledigt? Dann lassen Sie uns los legen!

Schritt 1 – Die Telleraufteilung

Hier beschäftigen wir uns mit der Aufteilung Ihres Tellers mit dem Ziel die Zufuhr von Vitalstoffen (Vitamine, Mineralstoffe, sekundäre Pflanzenstoffe und Co.) zu erhöhen. Damit Ihr Schweinehund weiterschläft, dürfen Sie weiterhin bei den Nahrungsmitteln bleiben, die Sie bisher auch verwendet haben.

Für gewöhnlich sieht ein Durchschnittsteller wie folgt aus:

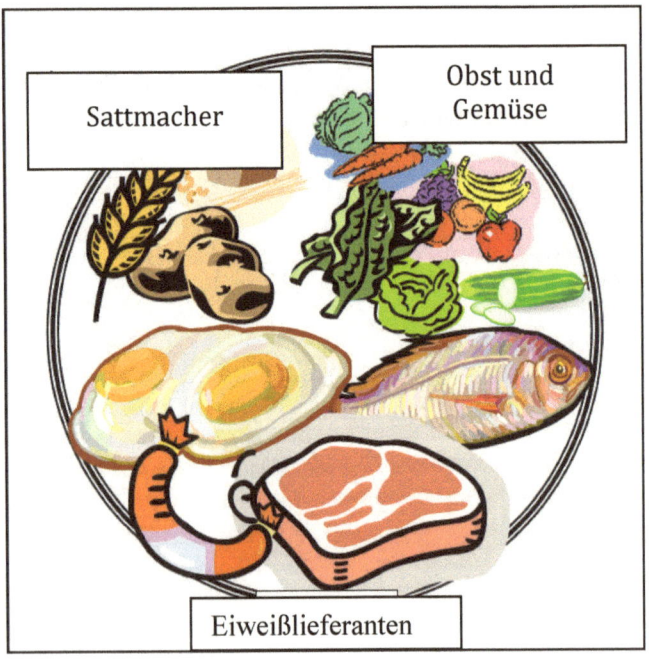

Können Sie das für sich bestätigen?

Oder sieht Ihr Teller eher so aus wie der folgende?

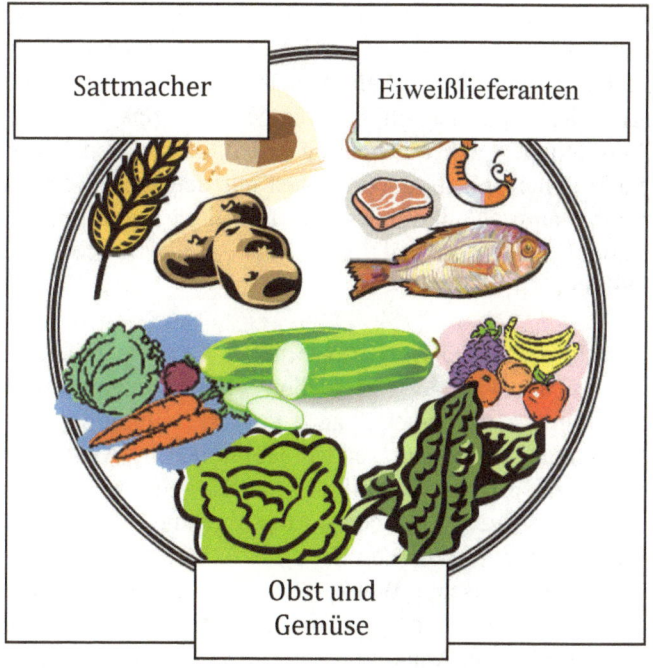

Bevor Sie sich die Frage beantworten, welcher Teller dem Ihren am Nächsten ist, folgt hier ein kleiner Ausflug in die Bestandteile unserer Nahrung:

Sattmacher sind Nahrungsmittel, die Ihnen in erster Linie Kohlenhydrate liefern. Kohlenhydrate gibt es in vier unterschiedlich komplexen Formen. Diese heißen: Einfach-, Zweifach-, Dreifach und Vielfachzucker (Stärke). Je komplexer das Kohlenhydrat ist, desto besser ist es für Ihren Körper. Komplexe Kohlenhydrate finden Sie beispielsweise in Vollkorngetreide. Zu den

Sattmachern zählen daher alle Getreidesorten wie zum Beispiel Reis, Hirse und Haferflocken, alle Getreideprodukte wie Nudeln, Brot und Brötchen. Diese Sattmacher enthalten je nach Art mehr oder weniger Ballaststoffe. Diese liefern dem Körper zwar keine Energie, sind jedoch notwendig für eine gesunde Verdauung. Auch machen sie schneller satt und haben viele andere positive Wirkungen auf den menschlichen Organismus. Vollkornprodukte enthalten zum Beispiel doppelt bis dreimal so viele Ballaststoffe wie Weißmehlprodukte.

Eiweiß dient dem Körper ebenfalls als Energielieferant. Es ist am Aufbau von Zellen und Muskelgeweben beteiligt und auch an der Produktion von Verdauungsenzymen und Hormonen. Außerdem transportiert es wichtige Stoffe, die für den Körperstoffwechsel lebensnotwendig sind, von einem Ort zum anderen. Zu den Eiweißlieferanten zählen unter anderem Fleisch, Wurst, Ei, Fisch, Milch- und Milchprodukte und pflanzliche Nahrungsmittel wie Hülsenfrüchten, Amarant, Quinoa und Sojaprodukte.

Gemüse, Obst und Salat enthalten viel Wasser und wenig Kalorien. Sie versorgen den Körper mit wichtigen Vitalstoffen. Diese Lebensmittel können sowohl in roher Form, als auch im gedünsteten oder anderweitig zubereiteten Zustand verzehrt werden.

Nach diesem Ausflug, kommen wir nun zurück zu Ihrem Teller. Wenn Ihre Aufteilung bereits so aussieht wie auf dem zweiten Bild, dann können sie diesen Schritt auslassen. Wenn nicht, fangen Sie an dieser

Stelle an, in meinem hier praktizierten Dreiphasenprogramm zu arbeiten:

1. Bewusstseinsphase

Schauen Sie sich bitte eine Woche lang ganz bewusst Ihren Teller beziehungsweise das, was darauf ist, genau an. Wenn es Ihnen hilft einen besseren Überblick zu bekommen, machen Sie sich eine Zeichnung und/oder Notizen.

2. Veränderungsphase

Ab der zweiten Woche gewöhnen Sie sich bitte an, die Hälfte des Tellers mit Obst, Gemüse und/oder Salaten, ein Viertel mit Eiweißlieferanten und ein Viertel mit Sattmachern zu füllen. Und das bei jeder Hauptmahlzeit. Am Abend darf der Anteil der Eiweißlieferanten gern etwas höher und der Anteil der Sattmacher etwas niedriger sein.

3. Festigungsphase

Beginnen Sie nun, nachdem Sie diese Veränderung vorgenommen haben, mit der Festigungsphase. Diese läuft solange bis Sie nicht mehr bewusst auf Ihre Telleraufteilung achten.

Für den Fall, dass Ihnen irgendwann die Ideen für Gemüsegerichte ausgehen, können Sie zum Beispiel über Amazon mein eBook mit dem Titel „Vegane Rezepte für jeden Geschmack" käuflich erwerben. Diese Sammlung von vielen rein pflanzlichen Rezepten habe ich für Sie gesammelt und in ein einfaches Format verpackt. Zusätzlich lade ich Sie herzlich ein, bei meiner Facebook-Gruppe „Gesund essen leicht gemacht" vorbei zu schauen. Auch dort gibt es immer mal wieder leckere Anregungen.

Gehen Sie den nächsten Schritt in der Ernährungsumstellung bitte frühestens vier Wochen nach diesem ersten Schritt „Telleraufteilung". Wenn Sie länger als vier Wochen benötigen bis Sie soweit sind ist das völlig in Ordnung. Niemand setzt Sie unter Druck. Denken Sie daran. Sie ganz allein bestimmen das Tempo. Legen Sie den Ratgeber für diese Zeit zur Seite und nehmen Sie ihn bitte erst wieder zur Hand, wenn Sie ganz sicher sind, dass es weiter gehen kann.

Schritt 2 – Getreideprodukte

Nun geht es um die Auswahl Ihrer Nahrungsmittel aus Getreide. Dazu zählen nicht nur Brot, Brötchen und Kuchen, sondern auch Nudeln, Müslis, Cornflakes und all die anderen Produkte, die aus Getreide hergestellt werden. Das Ziel in dieser Runde ist es, dass Sie von Weißmehlprodukten weg- und zu Vollkornprodukten hinkommen.

Warum dieser Schritt so wichtig ist, zeigt Ihnen exemplarisch diese kleine Zeichnung eines Weizengetreidekorns:

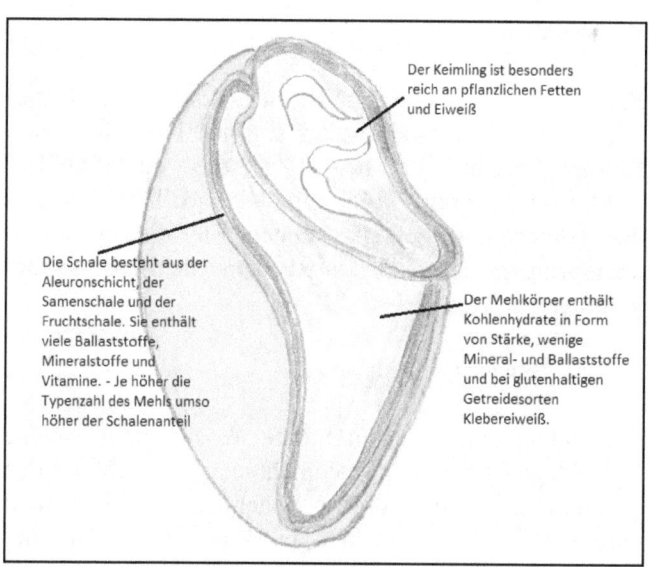

Der Keimling ist besonders reich an pflanzlichen Fetten und Eiweiß

Die Schale besteht aus der Aleuronschicht, der Samenschale und der Fruchtschale. Sie enthält viele Ballaststoffe, Mineralstoffe und Vitamine. - Je höher die Typenzahl des Mehls umso höher der Schalenanteil

Der Mehlkörper enthält Kohlenhydrate in Form von Stärke, wenige Mineral- und Ballaststoffe und bei glutenhaltigen Getreidesorten Klebereiweiß.

Weißes voll ausgemahlenes Mehl besteht lediglich aus dem Mehlkörper und enthält nur Kohlenhydrate und sehr wenige Mineral- und Ballaststoffe. Es fehlen die in der Schale enthaltenden hochwirksamen Ballaststoffe, Mineralstoffe und Vitamine sowie die im Keimling enthaltenden hochwertigen pflanzlichen Fette und Eiweiße. Weißmehlprodukte halten durch die fehlenden Ballaststoffe nicht so lange satt wie Produkte aus Vollkornmehl und liefern bei gleichem Energiegehalt weniger Mineralstoffe und Vitamine. Auch fehlen die sekundären Pflanzenstoffe, die auf den Körper eine wichtige Wirkung zur Gesunderhaltung haben. Diese fördern beispielsweise die Verdauung, bekämpfen Bakterien, regen das Immunsystem an, wirken entzündungshemmend, senken den Cholesterinspiegel und hemmen die Krebsbildung.

Zur Umsetzung dieses Schrittes kommt auch hier wieder mein altbewährtes dreistufiges Programm zum Einsatz. Wenn Sie bereits nahezu ausschließlich Vollkornbackwaren, Vollkornnudeln, Vollkornreis und der Gleichen verzehren, können Sie diesen Schritt überspringen und sich direkt dem nächsten Kapitel widmen.

1.   Bewusstseinsphase

Beobachten Sie nun bitte eine Woche lang welche Getreideprodukte Sie zu sich nehmen. Was steht auf den Zutatenlisten? Ist dort tatsächlich Vollkornmehl aufgelistet? Und wenn ja: Wie hoch ist der Vollkornanteil? Was steht auf den Nudelverpackungen? Ist Ihr Reis geschält oder ungeschält (Vollkornreis)?

Was für Brot und Brötchen nehmen Sie zu sich? Wie hoch ist hier der Vollkornanteil?

2. Veränderungsphase

Nun stellen Sie Ihr Essverhalten in zwei Stufen um. In der ersten Stufe mischen Sie noch Weißmehlprodukte mit Vollkornprodukten. Das bedeutet: Sie mischen helle Nudeln mit Vollkornnudeln, geschälten Reis mit ungeschältem Reis und verwenden Brotwaren, die zum Teil aus Vollkornmehl und zum Teil aus weißem Mehl bestehen. Dasselbe gilt für alle Müslis, Cornflakes und dergleichen.

Diese erste Stufe ist wichtig, damit sich der Darm langsam an die ballaststoffreichere Nahrung gewöhnt. Es kann nämlich gerade am Anfang vorkommen, dass der Körper diese gesunden Bestandteile nicht verträgt und mit Blähungen, Verstopfungen, Durchfall oder anderen Symptomen reagiert. Sollte das bei Ihnen der Fall sein, lassen Sie sich für die erste Stufe viel Zeit und gehen erst weiter, wenn Ihr Körper Ihnen signalisiert, dass alles gut ist.

In der zweiten Stufe dieser Veränderung werden Nudeln und Reis komplett in der Vollkornvariante serviert. Die Mischbackwaren tauschen Sie nun in reine Vollkornbackwaren um. Bitte beachten Sie: Dunkles Brot ist nicht gleich Vollkornbrot, und Körnerbrötchen sind nicht unbedingt Vollkornbrötchen. Lassen Sie sich in der Bäckerei gut beraten oder backen Sie Ihre Brote und Brötchen selbst. Gerne schicke ich Ihnen ein leckeres und einfaches Rezept per Mail. Schreiben Sie

mir eine kurze Nachricht mit dem Betreff „Brotrezept"
an info@beatriceschmidt.de.

Und seien Sie mutig: Versuchen Sie es mal mit anderen
Getreidesorten, wie zum Beispiel: Amarant, Quinoa,
Soja und Hirse. Diese zum Teil sehr alten
Getreidesorten finden Sie im Bio-Supermarkt oder im
Reformhaus. Dort können Sie sich auch gut beraten
lassen. Inzwischen gibt es auch sehr viele andere
Supermärkte mit einem gut sortierten Biosortiment, wo
auch Amarant und Quinoa zu finden sind.

3. Festigungsphase

Nun haben Sie Zeit sich an die neuen Nahrungsmittel zu
gewöhnen. Denken Sie auch weiterhin an den ersten
Schritt: Die Telleraufteilung. Alle Getreideprodukte
zählen zu der Gruppe der Sattmacher und sollten etwa
ein Viertel Ihres Tellers füllen.

**Gehen Sie den nächsten Schritt bitte frühestens vier
Wochen nach diesem Dritten. Achten Sie auch weiterhin auf die vorherige Veränderung. Und denken
Sie bitte daran: Wenn Sie länger als vier Wochen
benötigen bis Sie soweit sind, ist das völlig in Ordnung. Niemand setzt Sie unter Druck. Sie ganz allein
bestimmen das Tempo. Legen Sie den Ratgeber für
diese Zeit zur Seite und nehmen Sie ihn bitte erst
wieder zur Hand, wenn Sie ganz sicher sind, dass es
weiter gehen kann.**

Schritt 3 – Wurst und Wurstwaren

Wenn Sie sich vegetarisch ernähren, fällt dieser Schritt aus und Sie können direkt zum nächsten Kapitel übergehen. Wenn nicht, wünsche ich Ihnen viel Freude und Genuss bei dieser Umstellung!

Es gibt inzwischen eine so vielfältige Anzahl von Wurstsorten, dass ich gar nicht sagen kann, wie viele es denn nun tatsächlich sind. Das Traurige an dieser Vielzahl von Angeboten ist, dass die meisten Wurstsorten vollgestopft sind mit Geschmacksverstärkern, Farbstoffen, Konservierungsstoffen und anderen unappetitlichen Dingen. Der Körper kann diese nicht verarbeiten oder lagert sie sogar in lebenswichtigen Organen und den Arterien ein. Die Folge sind ernährungsbedingte Erkrankungen wie zum Beispiel erhöhtes Cholesterin, Gicht, Diabetes mellitus Typ II und viele mehr.

Pauschal lässt sich folgende Aussage treffen: „Alle Wurstwaren, bei denen Sie die Fasern noch klar und deutlich erkennen können, sind besser als Salami, Leberwurst, Teewurst, Gelbwurst und Co!" Denn hier können sich beispielsweise keine Fette oder andere Zutaten „verstecken".

Der Besuch in der Metzgerei macht relativ schnell klar, dass dann aus dieser unübersichtlichen Anzahl von Wurstsorten nicht mehr viele übrigen bleiben. Interessanterweise ist es dann nur noch der Schinken! Und Schinken ist per Definition gar keine Wurst! Denn Wurst ist zubereitet aus Speck, Salz, Gewürzen, zerkleinertem Fleisch und bei einigen Sorten auch aus

Blut und Innereien. Schinken jedoch ist ein bestimmter Teil eines Tieres, welches lediglich durch pökeln, brühen, braten, trocknen oder räuchern „veredelt" wird.

Daraus leitet sich nun dieser dritte wichtige Schritt ab: Austausch der ungesunden mit Zusatzstoffen und Fetten vollgestopften Wurst in weniger ungesunde Wurstsorten oder Schinken (am Besten in Bioqualität), bei denen Sie sehen können, was drin ist.

1. Bewusstseinsphase:

Beobachten Sie bitte eine Woche lang, welche Wurstsorten Sie verzehren und schauen Sie doch mal nach, was alles in diesen Wurstsorten enthalten ist. Fragen Sie an der Wursttheke nach den Inhaltsstoffen beziehungsweise studieren Sie die Zutatenlisten auf der Verpackung.

2. Veränderungsphase:

Tauschen Sie nun die ungesunden Wurstsorten nach und nach aus gegen weniger ungesunde Alternativen (zum Beispiel Schinken). Tauschen Sie aber bitte nicht alle Wurstsorten auf einmal aus, sondern alle zwei bis drei Wochen eine Sorte. So haben Sie mehr Zeit sich auf die Veränderung einzustellen und Ihr Schweinehund kann getrost weiter schlafen.

3. Festigungsphase:

Nachdem Sie alle ungesunden Sorten ausgetauscht haben, beginnt wieder die Festigungsphase. Essen Sie die neuen Sorten mit Genuss und überlegen Sie sich immer wieder neue Varianten. Sie könnten sich frische Gurke, Tomate oder Paprika mit auf das Vollkornbrot legen und auch noch ein leckeres Salatblatt. Denn gesundes Essen kann nicht nur schmecken – es muss schmecken!

Denken Sie bitte weiterhin an Ihre Telleraufteilung und auch an die Auswahl Ihrer Nahrungsmittel aus Getreide. Sie werden feststellen, dass das eine oder andere schon etwas leichter von der Hand geht und vielleicht schon zur Selbstverständlichkeit geworden ist. Wenn nicht, machen Sie sich keine Sorgen. Wiederholen Sie den entsprechenden Schritt noch einmal und lassen Sie sich mehr Zeit für die Festigungsphase.

Schritt 4 – Trinken und Trinkverhalten

Hand aufs Herz: Trinken Sie jeden Tag genug? Wissen Sie, was ausreichend Trinken bedeutet? Und: Was trinken Sie täglich?

Ihren persönlichen Flüssigkeitsgrundbedarf können Sie ganz einfach selbst ausrechnen. Sie multiplizieren Ihr Körpergewicht mit dem Faktor 0,03 und schon kennen Sie Ihren Bedarf. Wenn Sie zum Beispiel 74 kg wiegen, rechnen Sie: 74 x 0,03 = 2,22l/Tag. Das ist die Menge, die Sie auch tatsächlich an Flüssigkeit in Form von Getränken zu sich nehmen. Wenn Sie sich viel bewegen, Sport treiben oder es sehr heiß oder auch extrem kalt ist, erhöht sich Ihr Bedarf an Flüssigkeiten zum Teil erheblich. Rechnen Sie jetzt bitte Ihren persönlichen Grundbedarf aus.

___,__ kg x 0,03 = __,__ l/Tag

Nun wo Sie Ihren persönlichen Flüssigkeitsgrundbedarf wissen, stelle ich Ihnen die Getränke vor, die dazu am besten geeignet sind diesen abzudecken:

- Wasser (am besten ohne Kohlensäure)
- Kräuter- und Früchtetee, ungesüßt und ohne künstlichem Aroma
- grüner Tee in Maßen (1l/Tag)
- Saftschorlen im Verhältnis 1:3
  (ein Teil Saft : drei Teile Wasser)

Ungeeignet sind dagegen alle Sorten von Süßgetränken wie Cola, Limo und dergleichen. Kaffee und schwarzer Tee sind in Maßen (3x250ml/Tag) erlaubt und dann können sie sogar gesundheitsfördernd sein. Sie zählen jedoch nicht zu den flüssigkeitsspendenden Getränken. Milch ist eine nahrhafte Flüssigkeit, aber kein Getränk. Sie ist ein Nahrungsmittel und zählt daher auch nicht in die Flüssigkeitsbilanz.

Ihr Körper ist in der Lage pro Stunde etwa 200 bis 250 ml Flüssigkeit zu verwerten. Das ist dann auch die Menge, die Sie über eine Stunde verteilt trinken sollten. Geben Sie Ihrem Körper zu viel auf einmal, wird die Flüssigkeit nicht aufgenommen, sondern direkt über die Nieren wieder ausgespült. Es bring daher nichts, wenn Sie morgens gleich ein oder zwei Liter Flüssigkeit vortrinken. Daher ist es wichtig, dass Sie konsequent über den Tag verteilt gesunde Flüssigkeiten zu sich nehmen.

1. Bewusstseinsphase:

Schreiben Sie bitte eine Woche lang konsequent auf, was und wie viel Sie wann trinken. Führen Sie ein Trinkprotokoll ähnlich dem am Anfang des Buches beschriebenen Ernährungsprotokoll.

2. Veränderungsphase:

Tauschen Sie Süßgetränke Stück für Stück gegen Wasser aus. In meiner Praxis hat es sich bewährt, dass Sie Ihre Getränke mehr und mehr mit stillem Wasser verdünnen. Machen Sie in dem Tempo weiter, wie Sie es mögen, bis Sie am Ende bei purem Wasser angekommen sind. Die Menge von Kaffee und schwarzem Tee schrauben Sie langsam runter und erhöhen stattdessen die Menge an nichtaromatisierten und ungesüßten Kräuter- und Früchtetees.

3. Festigungsphase:

In der Festigungsphase achten Sie nun bitte auch darauf, dass Sie die richtige Menge an Flüssigkeit zu sich nehmen. Stellen Sie überall in der Wohnung, im Haus, im Auto, im Büro, in der Werkstatt (wo auch immer Sie sich aufhalten) Wasser bereit und trinken Sie wann immer es geht. Ihr Körper wird es Ihnen danken.

Da Sie nun auch diesen wichtigen vierten Schritt gehen, stellen sich noch folgende Fragen:

- **Wie ist es denn mit den Schritten, die ich zuvor gemacht habe?**
- **Klappt es mit meiner Telleraufteilung?**
- **Bin ich zu mindestens 80% auf Vollkornprodukte umgestiegen?**
- **Und wie steht es mit der Auswahl meiner Wurstsorten?**

Wenn Sie sich nicht sicher sind, wie Ihre Fortschritte aussehen, führen Sie doch noch einmal für eine Woche ein Ernährungsprotokoll, bevor Sie den nächsten Schritt gehen und mit dem Ratgeber weiter arbeiten. Machen Sie eine kurze Pause und betrachten Sie das Ergebnis Ihrer bisherigen Umstellung. Vergleichen Sie Ihr aktuelles Ernährungsprotokoll mit dem, das

Sie ganz vor Beginn Ihrer Ernährungsumstellung gemacht haben.

Und ganz wichtig: Gönnen Sie sich eine Belohnung für den bisherigen Erfolg. Es gibt doch sicher etwas was Sie sich schon lange Zeit nicht mehr gegönnt haben: Kino, Sauna, Ausflug? Was auch immer: Belohnen Sie sich mit einem schönen Erlebnis! Sie haben es sich verdient.

Schritt 5 – Fleisch, Ei, Fisch und Co.

Wenn Sie sich vegetarisch ernähren, fällt dieser Schritt aus und Sie können direkt zum nächsten Thema übergehen. Wenn nicht, wünsche ich Ihnen auch hier wieder viel Freude und Genuss bei dieser Umstellung!

Fleisch, Fleischprodukte, Eier und Fisch spielen in unsere Ernährung eine wichtige Rolle. Oder besser in unseren Ernährungsgewohnheiten! Seit der Kindheit hörten wir Sätze wie: „Iss zumindest das Fleisch auf!" oder „Kind, an Dir ist kaum was dran, komm, iss doch mal eine Wurstsemmel!" Ich sage Ihnen jetzt: „Lassen Sie das Fleisch liegen und essen Sie lieber das Gemüse auf". Ich gehe sogar noch weiter und fordere Sie mit diesem Schritt dazu auf Ihren Fleischkonsum generell einzuschränken.

Unser Fleisch und die daraus hergestellten Produkte enthalten viele gesättigte Fettsäuren (die direkt auf die Hüften und als Ablagerungen in die Blutbahnen gehen) und kaum ungesättigte Fettsäuren. Ihr Vitalstoff- und Mineralstoffgehalt ist mit dem von pflanzlichen Nahrungsmitteln noch nicht einmal ansatzweise vergleichbar und als Eiweißlieferant sind viele pflanzliche Produkte wie Hülsenfrüchte, Kartoffeln, Sojaprodukte, Quinoa und Amarant ebenfalls besser geeignet. Zudem enthält Fleisch Cholesterin und andere Fettbegleitstoffe, die nicht unbedingt gesundheitsfördernd sind. Darüber hinaus belastet die Massentierhaltung durch Treibhausgase massiv unsere Umwelt. Die Meere sind überfischt und viele Fischarten sind mit Schwermetallen belastet und daher auch nicht mehr für den regelmäßigen Verzehr geeignet.

Daher lautet mein Fazit: Hoher Tierkonsum verursacht viele ernährungsbedingte Erkrankungen und ist schlecht für die Umwelt.

Packen wir nun gemeinsam den nächsten Schritt an!

1. Bewusstseinsphase:

Wie oft essen Sie Fleisch, Ei, Fisch und dergleichen? Täglich, mehrmals pro Woche, selten? In welchen Mengen nehmen Sie diese Nahrungsmittel auf? Wie viele Portionen verzehren Sie täglich? Machen Sie sich darüber Gedanken und notieren Sie Ihre Essgewohnheiten.

2. Veränderungsphase:

Da Sie nun wissen, wie häufig Sie Fleisch, Ei und Fisch essen, verändern Sie ihr Verhalten. In der ersten Stufe führen Sie einen fleisch-, wurst-, ei- und fischfreien Tag pro Woche ein. Erlaubt sind weiterhin tierische Produkte, wie Milch, Jogurt, Quark, Käse und so weiter. Sie ernähren sich an diesem Tag also vegetarisch. Später führen Sie Schritt für Schritt weitere Tage ein. Bis Sie nur noch zwei Tage in der Woche Fleisch oder Fisch verzehren. Eine weitere Steigerung wäre für einen Tag oder sogar mehr komplett auf tierische Produkte zu verzichten und sich rein pflanzlich (vegan) zu ernähren.

3. Festigungsphase:

Diesmal haben Sie mehrere Festigungsphasen. Wenn Sie einen vegetarischen Tag eingeführt haben, nehmen Sie sich drei bis vier Wochen Zeit, bis Sie den nächsten Tag einführen. Machen Sie so weiter, bis Sie die fünf vegetarischen Tage erreicht haben.

Dieser Schritt ist für eingefleischte Fleisch-und Wurstesser sicher eine der größten Herausforderungen. Sie brauchen in dieser Zeit viele anregende und leckere Rezeptideen, die Sie zum einem in meinem kleinen Amazon-eBook „Vegan kochen für jeden Geschmack" und im Internet sicher zur Genüge finden werden. Es gibt Unmengen von Kochbüchern zum Thema vegane und vegetarische Küche. Und auch in der Facebook-Gruppe „Gesund essen leicht gemacht", finden Sie ein paar Anregungen. Ich empfehle Ihnen gerade am Anfang auf einfache Rezepte zurückzugreifen. An freien Tagen oder zu besonderen Anlässen darf es dann gerne etwas komplizierter sein.

Schritt 6 – Fünf am Tag

Die Deutsche Gesellschaft für Ernährung empfiehlt 5 Portionen Obst und Gemüse täglich. Diese fünf Portionen reichen aber - nach Meinung der orthomolekularen Medizin (Mikronährstoffmedizin) - leider nur für die Basisversorgung. Wenn Sie wirklich optimal versorgt sein möchten, brauchen Sie etwas mehr. In diesem Fall sind es 7 - 9 Portionen Obst und Gemüse.

Das Ziel dieses Schrittes besteht darin, dass Sie mindestens 7 (noch besser 9) Portionen Obst und Gemüse täglich verzehren. Hierzu gehört Rohkost genauso wie gedünstetes Gemüse und Obst. Auch dürfen Sie in diese Bilanz ungesüßtes Trockenobst mit einrechnen und ansatzweise auch Nüsse und Samen, sofern diese ungeröstet und ungesalzen sind.

Fangen wir an!

1. Bewusstseinsphase:

Wie viele Portionen Obst und Gemüse essen Sie täglich? Schreiben Sie sich bitte die Menge eine Woche lang auf. Auf diese Weise erhalten Sie wieder einen guten Überblick!

2. Änderungsphase:

Steigern Sie nun die Anzahl der Obst und Gemüseportionen, die Sie täglich zu sich nehmen. Hier ein paar Tipps: Obst und Gemüse sind perfekte Zwischenmahlzeiten. Zusammen mit einem hochwertigen Dipp (zum Beispiel aus [Soja]Joghurt und Quark) können Sie Ihren Rohkostteller richtig gut und lecker aufpeppen. Schneiden Sie sich am besten morgens ein bisschen Obst und Gemüse zurecht, so brauchen Sie im Laufe des Tages dann nur noch zugreifen. Zu jeder Mahlzeit bereiten Sie sich ein Salat aus Paprika, Tomaten, Gurken, Salatköpfen etc. zu. Und wenn Sie dann auch weiterhin auf Ihre Telleraufteilung achten sind die 7 - 9 Portionen schnell erreicht.

3. Festigungsphase:

In der Festigungsphase wird der erhöhte Verzehr von Gemüse und Obst zur Selbstverständlichkeit und Sie werden sicher merken, wie gut Ihnen diese Veränderung tut.

Sie haben nun schon eine ganze Menge erreicht. Sie essen weniger tierische Produkte und dafür mehr pflanzliche Nahrungsmittel. Die Zufuhr an Vitalstoffen ist erheblich gestiegen und Ihr Körper dankt es Ihnen sicher schon jetzt. Nun ist wieder der richtige Zeitpunkt gekommen, um eine kleine Pause einzulegen. Gönnen Sie sich etwas Gutes und belohnen Sie sich für die bisher erbrachte Leistung. Sie haben viel geschafft und können sehr stolz auf sich sein.

Schritt 7 – Zucker und andere Süßungsmittel

Im siebten Schritt geht es nun um das Thema Zucker. Es liegt in der Natur des Menschen eine Vorliebe für Süßes zu haben. Bereits Babys werden durch den süßen Geschmack der Muttermilch darauf trainiert und verbinden damit viele positive Gefühle wie zum Beispiel Körperkontakt, Aufmerksamkeit und Liebe. Wen wundert es dann noch, dass wir auch im Erwachsenenalter noch gern zu etwas Süßem greifen?

In der Vollwerternährung ist Süßes grundsätzlich erlaubt.

Weißer Haushaltszucker sollte jedoch vom Ernährungsplan komplett gestrichen werden, da dieser außer Kalorien **nichts** enthält und daher in einer gesunden und ausgewogenen Ernährung auch nichts verloren hat. Künstliche Süßstoffe haben ebenfalls nichts in einer gesunden Ernährung zu suchen. Sie sind vollgestopft mit Chemie und richten eher Schaden an, als dass sie dem Körper etwas nützen.

Aber es gibt viele Alternativen zum Haushaltszucker: Agavendicksaft, Ahornsirup, Honig, Apfel- und Birnendicksaft, Rübenkraut, Melasse, Reissirup, Vollrohrzucker sowie Trockenfrüchte und Stevia. - Stevia erscheint in meinen Augen fast wie ein natürliches Wunder. Diese südamerikanische Pflanze hat eine deutlich höhere Süßkraft als Zucker, enthält jedoch so gut wie keine Kalorien. Inzwischen gibt es sie auch in allen möglichen Darreichungsformen. - Sie können auch gern einmal im Supermarkt, beim Bioladen oder im Reformhaus stöbern, ob es sonst noch andere natürliche Süßungsmittel gibt, die Sie in Ihre Ernährung einbauen können.

Wenn Sie bei fertigen Süßigkeiten auf Bio-Produkte zurückgreifen, vermindern Sie ebenfalls die Zufuhr von weißem Haushaltszucker, da diese Produkte mit den oben genannten Alternativen gesüßt werden.

Doch kommen wir nun zur Veränderung des Süßigkeitenkonsums.

1. Bewusstseinsphase:

Notieren Sie sich bitte eine ganze Woche lang, was Sie für Süßigkeiten verzehren, wie viel Süßes Sie essen, welche Süßungsmittel Sie zu sich nehmen und auf welche Art Sie Ihre Süßigkeiten verzehren (hastig, langsam, genussvoll, stopfend, etc.).

2. Änderungsphase:

Tauschen Sie als erstes Ihren weißen Haushaltszucker gegen die oben genannten Alternativen aus. Gewöhnen Sie sich bitte an Süßigkeiten bewusst zu essen und zu genießen. Wenn Sie zum Beispiel Schokolade essen, kauen Sie diese nicht, sondern legen Sie sich ein Stück auf die Zunge und lassen es dort langsam zergehen. Auf diese Weise befriedigen Sie den Drang nach etwas Süßem, nehmen aber automatisch weniger Kalorien zu sich. Auch Kuchen lässt sich viel mehr genießen, wenn Sie ein kleines Stück nehmen und dieses so lange kauen, bis der Bissen im Mund flüssig wird. Auf diese Weise entfaltet sich der süße Geschmack noch mehr und die

Lust nach Süßem ist schneller befriedigt. Eine gute Alternative für Zucker in Kaffee oder Tee ist Reissirup. Dieser ist absolut geschmacksneutral und daher gut geeignet.

Sollten Sie feststellen, dass Sie zum Beispiel am Abend immer zu einer bestimmten Uhrzeit etwas Süßes „brauchen", dann essen Sie etwa eine Stunde vorher eine Portion süßes Obst oder Trockenfrüchte. Nach ein paar Tagen dürfte dann der Hunger um diese Zeit verschwunden sein.

3. Festigungsphase:

Nun verwenden Sie in der Küche nur noch Alternativen zum Haushaltszucker. Wichtig ist in dieser Phase: Verbieten Sie sich das Süße nicht, essen Sie es aber ganz bewusst und mit viel Genuss.

So langsam nähern wir uns dem Ende der Ernährungsumstellung. Es sind jetzt nur noch ein paar Kleinigkeiten, bis Sie sich komplett vollwertig ernähren. Schauen Sie ruhig einmal zurück auf das, was Sie schon alles geschafft haben. Führen Sie noch einmal ein Ernährungsprotokoll und vergleichen dieses mit Ihrem allerersten. Gibt es da vielleicht noch die eine oder andere Schraube zum nachjustieren? Wenn ja: Wiederholen Sie diesen Schritt einfach noch einmal. Wie schon häufig erwähnt: Niemand drängt Sie. Sie bestimmen das Tempo!

Schritt 8 – Fette und Öle

Fett ist nicht gleich Fett. In unseren Lebensmitteln unterscheidet man zwischen gesättigten, einfach- und mehrfach ungesättigten Fettsäuren.

Gesättigte Fettsäuren, die sich vor allem in tierischen Nahrungsmitteln befinden, dienen dem Körper lediglich als Energielieferanten. Bei übermäßigem Verzehr wirken sie jedoch gesundheitsschädigend.

Viele unserer täglichen Nahrungsmittel sind vollgestopft mit ungesunden Fetten. Die schlimmsten Übeltäter sind hier die gehärteten Fette. Diese setzten sich in den Arterien ab und sorgen unter Umständen dafür, dass wir zum Beispiel an Herz-Kreislauferkrankungen leiden. Diese Fette werden auch als Transfettsäuren bezeichnet und befinden sich unter anderen in vielen Margarinesorten, Fertig- und Halbfertigprodukten, in einigen Backwaren und beispielsweise auch in Pommes und Currywurst (Stichwort: Frittierfett) aus der Pommes-Bude oder dem Fast-Food-Restaurant.

Außerdem enthalten alle tierischen Produkte (nicht nur Fleisch, Ei und Fisch, sondern auch Milch und Milchprodukte) Cholesterin. Zu viel von diesem eigentlich recht nützlichem Stoff lagert sich ebenfalls in den Arterien ab und führt ebenso, wie die Transfettsäuren, zu Herz-Kreislauferkrankungen.

Wenn Sie sich nun Ihre bisherigen Umstellungsschritte ansehen, werden Sie feststellen, dass Sie durch die Reduzierung des Fleischkonsums und die Erhöhung des

Obst und Gemüseanteils schon mal eine ganze Menge geschafft haben. Sie sparen dadurch nämlich Cholesterin und gesättigte Fette ein und erhöhen automatisch den Anteil an richtig guten Fetten. Diesen Zustand können Sie noch steigern! Verwenden Sie in der Küche beim Kochen und beim Zubereiten von Salaten ausschließlich hochwertige kaltgepresste native Pflanzenöle, am Besten in Bio-Qualität. Nehmen Sie statt Margarine lieber eine gute Butter und streichen sie diese auf Ihr Vollkornbrot (lieber Cholesterin als Transfettsäuren). Weitere Alternativen zum Streichfett sind zum Beispiel vegetarische und vegane Brotaufstriche. Hier gibt es inzwischen ein gigantisches Angebot in den Supermärkten, so dass für jeden Geschmack etwas dabei ist.

Nüsse und Samen enthalten ebenfalls richtig gute Fette. Von Ihnen können Sie gar nicht genug essen. Nüsse sind Nahrung für das Gehirn und steigern unter anderen durch die vielen guten Fette die Leistungs- und Konzentrationsfähigkeit. Und keine Angst: entgegen dem Mythos, dass Nüsse dick machen, dürfen Sie so viel davon essen, wie Sie mögen.

1. Bewusstseinsphase:

Schreiben Sie eine Woche lang auf, welche Fette Sie in der Küche verwenden und was Sie sich als Streichfett auf Ihre Brote schmieren! Sind es kaltgepresste pflanzliche native Öle? Margarine oder Butter? Verwenden Sie noch Fertig- oder Halbfertiggerichte?

2. Änderungsphase:

Fangen Sie am besten mit den Fettsorten an, die Sie am Häufigsten verwenden. Achten Sie beim Einkauf darauf, dass Ihre Streichfette frei sind von Transfettsäuren (wenn Sie es sind, steht es auf der Verpackung). Verzichten Sie immer häufiger auf Fertig- und Halbfertigprodukte. Frische Sachen schmecken ohnehin besser und benötigen in der Zubereitung auch nicht viel länger.

3. Festigungsphase:

Nun nehmen Sie sich wieder die Zeit, die Sie benötigen, um die neuen Nahrungsmittel zu etablieren. Vielleicht fangen Sie sogar schon an ein wenig zu experimentieren? Es gibt viele verschiedene Ölsorten in den unterschiedlichsten Geschmacksrichtungen. Gerade für Salate lassen sich hier echte Geschmackswunder kreieren.

Mit diesem letzten Schritt haben Sie es geschafft. Sie sind bei einer vollwertigen Mischkost angekommen. Jetzt können Sie sich so richtig feiern und etwas ganz besonderes gönnen.

Achten Sie bitte auch in Zukunft immer wieder auf Ihre Ernährungsgewohnheiten. Krankheiten, seelische Belastungen oder Stress können immer mal wieder dazu führen, dass sie einen „Rückfall" bekommen. Mit der Zeit wird es Ihnen immer leichter fallen diese neue Art des Essens zu leben und zu praktizieren.

Gesunde Ernährung und Vitalstoffpräparate

Es gibt Lebenssituation in denen Sie trotz einer gesunden und ausgewogenen Ernährung unter Umständen nicht ausreichend mit Vitalstoffen versorgt sind. Zu den Vitalstoffen zählen Vitamine, Mineralstoffe, sekundäre Pflanzenstoffe, Omega-3-Fettsäuren und all die anderen kleinen nützlichen Helfer, die uns keine Energie liefern, aber dennoch lebensnotwendig sind. Ein paar dieser besonderen Lebenssituationen beziehungsweise Personengruppen möchte ich hier an dieser Stelle stichpunktartig nennen:

- Kinder in der Wachstumsphase
- Schwangere und Stillende
- Frauen, die Hormone einnehmen
- Menschen, die Medikamente einnehmen
- chronisch kranke Personen
- ältere Menschen
- Frauen im Klimakterium (Wechseljahre)
- Menschen, die unter Dauerbelastung stehen
- Sportler
- Personen, die einen erhöhten körperlichen und/oder seelischen Stresspegel haben
- Menschen mit Über-oder Untergewicht
- Allergiker und Personen mit Intoleranzen
- Raucher

Die Liste ist lang und sicher noch nicht vollständig. Doch geht es mir hier lediglich darum zu verdeutlichen, dass es in unserem Leben viele Situationen gibt, die den Bedarf an unseren kleinen und lebensnotwendigen Helfern massiv erhöhen können. Denken Sie zum Beispiel auch an die Jahreszeiten, in denen unser Körper sich massiv gegen Erkältungs- und Grippeviren zur Wehr setzen muss. Auch hier hat der Körper einen Mehrbedarf an Vitalstoffen.

Da diese nützlichen Helfer am Besten im Team wirken - ähnlich einer guten Fußballmannschaft - macht es meiner Meinung nach wenig Sinn nur einzelne Wirkstoffe hochdosiert einzunehmen. Sinnvoller ist es mit einem Vitalstoffkomplex zu arbeiten, wie zum Beispiel LaVita. Bei einem flüssigen Präparat, in dem alle Vitalstoffe enthalten sind, potenziert sich die Wirkung der einzelnen Stoffe zum Teil sogar noch ganz erheblich, da sie in Kombination miteinander vom Körper besser aufgenommen und verarbeitet werden können.

LaVita können Sie im Internet unter www.lavita.de oder auch telefonisch unter der Nummer 0871-972170 bestellen.

Die genaue Dosierung eines Vitalstoffpräparates richtet sich nach der Art und Schwere der Zusatzbelastung und kann von Mensch zu Mensch unterschiedlich sein. Bei LaVita beispielsweise erhalten Sie konkrete Einnahmeempfehlungen für unterschiedliche Lebenssituationen. Auch hier gilt: Hören Sie auf Ihren Körper. Dieser wird Ihnen ganz sicher sagen, was Sie in welcher Menge benötigen und was nicht.

Tipps und Links

Achten Sie bei der Zubereitung Ihrer Nahrungsmittel auf möglichst nährstoffschonende Verfahren. Wenn Sie wissen möchten, was es alles an Garmethoden gibt, können Sie beispielsweise bei Wikipedia den Begriff „Grundzubereitungsarten" eingeben und schon erhalten Sie eine ganze Auflistung der Zubereitungsarten mit Ihren Vor- und Nachteilen.

Kaufen Sie bevorzugt Bio-Nahrungsmittel aus Ihrer Region, die saisonal zur Verfügung stehen. Auf diese Weise verringern Sie die Belastung Ihres Körpers durch Pestizide, Medikamente und anderen giftigen Rückständen. Zudem schont es die Umwelt und Sie können im Kleinen für eine bessere ökologischere Welt sorgen. Wenn Sie es nicht schaffen regelmäßig in den (Bio) Supermarkt zu kommen, um frische Produkte einzukaufen, gibt es zum Beispiel die Öko-Kiste. Dies ist ein Zusammenschluss von Bio-Bauern beziehungsweise Bio-Lieferanten, die über das gesamte Bundesgebiet verteilt Ihre Bio-Produkte ausliefern. Unter www.oekokiste.de finden Sie hoffentlich auch einen Lieferanten in Ihrer Nähe.

Gehen Sie sparsam mit Salz um. Diese Mineralstoffmischung ist bis zu einer Menge von 3-6 Gramm gesundheitsfördernd und gut für unseren Körperwasserhaushalt. Überschreiten Sie jedoch diese Menge dauerhaft, kann das auf lange Sicht zu unangenehmen Erkrankungen, wie zum Beispiel Nierenschäden und Krebs führen. Als Alternativen zum Salz können Sie Knoblauch, Zwiebeln und frische oder auch getrocknete Kräuter sowie Gewürze, wie beispielsweise Kurkuma, Curry, Paprikapulver und Pfeffer verwenden. Ich habe früher ausschließlich mit viel Salz und eventuell noch mit Pfeffer oder Paprika gewürzt. Inzwischen empfinde ich fast alle Speisen in Restaurants oder auch bei Freunden und Bekannten übersalzen, da ich auf andere Art und Weise würze und sich meine Geschmacksnerven darauf eingestellt haben.

Möchten Sie nun, nach erfolgter Ernährungsumstellung, noch ein wenig an Gewicht reduzieren, lade ich Sie herzlich ein an einer meiner Webinarreihen zum Thema „Gesund abnehmen" teilzunehmen. Schreiben Sie mich an (info@beatriceschmidt.de), damit ich Ihnen den Link zu meiner Online-Akademie schicken kann oder schauen Sie auf meiner Homepage (www.beatriceschmidt.de) vorbei. Gerne veranstalte ich auch exklusiv für Sie allein oder gemeinsam mit Ihren Freunden/Innen ein eigenes Online-Seminar in kleiner Runde.

Kostenlose Tipps zum Thema „Gesundes Essen" und viele Rezeptideen erhalten Sie auch in der von mir moderierten Facebook-Gruppe „Gesund essen leicht gemacht".

Sie haben Anregungen, möchten Kritik üben oder haben Verbesserungsvorschläge für meinen Ratgeber? Dann senden Sie mir bitte eine Nachricht an meine eMail-Adresse info@beatriceschmidt.de.

Ihnen gefällt mein Ratgeber? Und er hat Ihnen geholfen zu einer gesünderen Ernährungs- und Lebensweise zu gelangen? Dann empfehlen Sie das Buch doch bitte auch vielen anderen Menschen. Schreiben Sie eine Bewertung bei einem der vielen Online-Buchhändlern, empfehlen Sie mich in Ihren sozialen Netzwerken (wie Facebook, Xing und Co.) weiter und geben Sie, wenn Sie mögen, Ihr Feedback auf meiner Facebook-Fanseite „Gesundheitscoaching Beatrice Schmidt".

So bleibt mir zum Abschluss nur noch eins zu sagen: Ich wünsche Ihnen viel Gesundheit und steht's Freude und Genuss an Ihrer neuen gesunden Ernährungsform.

Und jetzt, wo alles sitzt, dürfen Sie auch mal „sündigen". Denn wenn Sie sich zu 80% Ihrer Zeit gesund und vollwertig ernähren, dürfen Sie in den anderen 20% auch mal „Fünfe grade sein lassen".

Herzlichst Ihre
Beatrice Schmidt

www.beatriceschmidt.de

Nachwort

Nachdem dieser Ratgeber fertig war, habe ich das Skript meinem Mann gegeben und ihn um seine Meinung gebeten. Das Ergebnis dieser Bitte war eine heiße und lange Debatte am Küchentisch.

Mein Mann vertrat folgenden Standpunkt: Ich solle Ihnen liebe Leserinnen und Leser unbedingt mitteilen, dass es schon ein großer Erfolg ist, wenn Sie es schaffen auch nur einen oder zwei dieser acht Schritte zu gehen und das neue Essverhalten dauerhaft zu praktizieren!

Mein Standpunkt bei diesem Disput war: Wenn ich Ihnen diese Information so gebe wie er es sagt verlieren Sie vielleicht die Motivation und den Anreiz die Ernährungsumstellung wirklich bis zum Ende durchzuführen.

Mein Mann und ich haben uns bis heute nicht darüber einigen können, was denn nun der richtige oder bessere Ansatz ist: Meiner oder seiner?!

Zwar glaube auch ich, dass ein Teilerfolg besser ist als gar kein Erfolg, jedoch ist das nicht mein Ziel mit diesem Ratgeber. Ich wünsche mir von ganzen Herzen, dass Sie es schaffen Ihre Ernährung komplett umzustellen und dadurch eine bessere Lebensqualität zu erreichen. Dabei spielt es für mich allerdings keine Rolle, ob Sie dafür 12 Monate oder 12 Jahre brauchen. Wichtig ist nur, dass Sie das Ziel niemals aus den Augen verlieren und immer weiter an sich und Ihrer Ernährung arbeiten!

Die Autorin

Beatrice Schmidt wurde im Sommer 1975 in Berlin geboren. Nach dem Abitur studierte Sie Marketing und Marktforschung sowie Betriebswirtschaftlehre.

Nach ein paar Arbeitsjahren stellte Sie fest, dass diese Berufe nicht Ihre Berufung waren. So sattelte Sie um und machte eine intensive Ausbildung zur Ernährungsberaterin mit dem Schwerpunkt der Prävention von ernährungsbedingten Erkrankungen.

Direkt im Anschluss an die Ausbildung eröffnete Sie Ihre eigene Beratungspraxis und erweiterte das Ernährungsberatungsangebot 2012 um den Bereich der Online-Beratung. Ihr Tätigkeitsschwerpunkt ist die Ernährungsumstellung.

Das Motto Ihrer Ernährungs- und Gesundheitsberatung laute: **„Die beste Diät ist die, die keine ist!"**

Die Privatperson Beatrice Schmidt ist verheiratet, hat drei Kinder und lebt in einer kleinen beschaulichen Gemeinde in Niederbayern.

Ganz nebenbei engagiert sie sich auch für verschiedene soziale Projekte, wie zum Beispiel für die „Klinikclowns e.V." oder im Tierschutz für die „Katzenhilfe Bleckede e.V.". Informationen zu den Arbeiten dieser beiden Vereine finden Sie unter: www.klinikclowns.de und unter www.katzenhilfe-bleckede.de

www.tredition.de

Über tredition

Der tredition Verlag wurde 2006 in Hamburg gegründet. Seitdem hat tredition Hunderte von Büchern veröffentlicht. Autoren können in wenigen leichten Schritten print-Books, e-Books und audio-Books publizieren. Der Verlag hat das Ziel, die beste und fairste Veröffentlichungsmöglichkeit für Autoren zu bieten.

tredition wurde mit der Erkenntnis gegründet, dass nur etwa jedes 200. bei Verlagen eingereichte Manuskript veröffentlicht wird. Dabei hat jedes Buch seinen Markt, also seine Leser. tredition sorgt dafür, dass für jedes Buch die Leserschaft auch erreicht wird

Autoren können das einzigartige Literatur-Netzwerk von tredition nutzen. Hier bieten zahlreiche Literatur-Partner (das sind Lektoren, Übersetzer, Hörbuchsprecher und Illustratoren) ihre Dienstleistung an, um Manuskripte zu verbessern oder die Vielfalt zu erhöhen. Autoren vereinbaren unabhängig von tredition mit Literatur-Partnern die Konditionen ihrer Zusammenarbeit und können gemeinsam am Erfolg des Buches partizipieren.

Das gesamte Verlagsprogramm von tredition ist bei allen stationären Buchhandlungen und Online-

Buchhändlern wie z. B. Amazon erhältlich. e-Books stehen bei den führenden Online-Portalen (z. B. iBookstore von Apple) zum Verkauf.

Seit 2009 bietet tredition sein Verlagskonzept auch als sogenanntes "White-Label" an. Das bedeutet, dass andere Personen oder Institutionen risikofrei und unkompliziert selbst zum Herausgeber von Büchern und Buchreihen unter eigener Marke werden können.

Mittlerweile zählen zahlreiche renommierte Unternehmen, Zeitschriften-, Zeitungs- und Buchverlage, Universitäten, Forschungseinrichtungen, Unternehmensberatungen zu den Kunden von tredition. Unter www.tredition-corporate.de bietet tredition vielfältige weitere Verlagsleistungen speziell für Geschäftskunden an.

tredition wurde mit mehreren Innovationspreisen ausgezeichnet, u. a. Webfuture Award und Innovationspreis der Buch-Digitale.

tredition ist Mitglied im Börsenverein des Deutschen Buchhandels.

Zeitfracht Medien GmbH
Ferdinand-Jühlke-Straße 7
99095 Erfurt, Deutschland
produktsicherheit@kolibri360.de